HOMMAGE

A MONSIEUR LE PRÉSIDENT

de la République Française.

—————

MONSIEUR JULES GRÉVY

PRÉSIDENT DE LA RÉPUBLIQUE FRANÇAISE.

—————

BIOGRAPHIE

PAR

ARMAND DELANGE.

—————

LE CATEAU

IMPRIMERIE TH. SAMADEN, RUE DES FOURS, N° 20.

HOMMAGE

A MONSIEUR LE PRÉSIDENT

de la République Française.

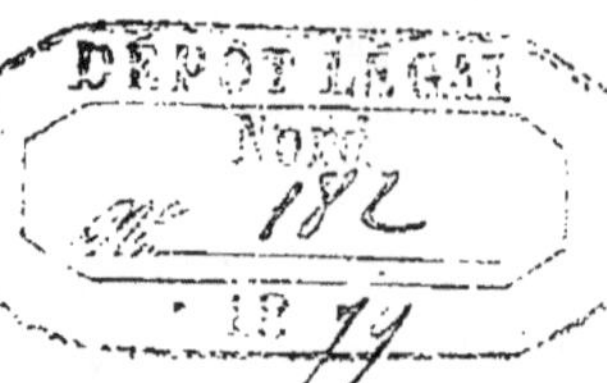

MONSIEUR JULES GRÉVY

PRÉSIDENT DE LA RÉPUBLIQUE FRANÇAISE.

BIOGRAPHIE

PAR

ARMAND DELANGE.

LE CATEAU

IMPRIMERIE TH. SAMADEN, RUE DES FOURS, N° 20.

A MONSIEUR GRÉVY

Président de la République Française

« Monsieur le Président,

» Daignez permettre à un humble citoyen, à un républicain sincére et dévoué, de vous faire part du bonheur qu'il a éprouvé en apprenant le résultat du vote de l'Assemblée nationale.

» Si c'est un honneur pour vous, Monsieur le Président, d'être élevé à la premiére magistrature de la République, c'en est un plus grand encore pour la France d'avoir su récompenser un mérite aussi éclatant que le votre.

» J'ai l'honneur d'être avec le plus profond respect, Monsieur le Président,

» Votre très-humble et très-obéissant serviteur,

ASSEMBLÉE NATIONALE

Le 30 janvier, à une heure, M. de Mac-Mahon a remis ses pouvoirs entre les mains du ministère ; à deux heures, on connaissait la résolution du chef de l'Etat ; à trois heures, les Chambres se réunissaient, et Messieurs Martel, Président du Sénat, et Grévy, Président de la Chambre des Députés, leur donnaient lecture de la lettre de démission du Président de la République.

Immédiatement après la lecture de cette lettre, Messieurs Martel et Grévy annoncent que les Chambres vont se réunir immédiatement en Assemblée nationale pour procéder à l'élection d'un nouveau Président de la République.

A quatre heures et demie, M. Martel prend place au fauteuil présidentiel. La séance est ouverte, et il est de nouveau donné lecture de la lettre de démission du maréchal, et de l'article 7 de la Constitution :

Art. 7. — *En cas de vacance par décès ou par toute autre cause, les deux Chambres réunies procéderont immédiatement à l'élection d'un nouveau Président.*

M. Martel y ajoute la lecture de l'article 2 :

ART. 2. — *Le Président de la République est élu à la majorité absolue des suffrages par le Sénat et la Chambre des députés, réunis en Assemblée nationale.*

Il est nommé pour sept ans.

Il est rééligible.

Puis il dit :

« *Je déclare l'Aassemblée nationale constituée.*

» *Il va être procédé au scrutin pour l'élection du Président de la République.*

» *Ce scrutin aura lieu à la tribune par appel nominal.* »

Enfin, vers sept heures et demie, M. Martel proclame les résultats suivants :

« *Scrutin pour l'élection du Président de la République.*

» Nombre des votants. . .	713
» Suffrages exprimés . . .	670
» Majorité absolue	336
» M. Jules Grévy	563 voix.
» M. le général Chanzy . .	99
» M. Gambetta	5
» M. le général Galifet. . .	1
» M. le général Ladmirault .	1
» M. le duc d'Aumale. . .	1
» Bulletins blancs ou nuls .	43

» *En conséquence, je proclame M. Jules Grévy, Président de la République pour sept ans* »

Aussitôt six cents poitrines poussent le cri de ;

Vive Grévy !

Vive la République !

Puis le calme se rétablit, la lecture du procès-verbal est faite, et l'on entend M. Martel dire :

« La séance est levée. »

A notre tour, chers lecteurs, poussons ensemble le cri de :

Vive Grévy !

Vive la République !

NOTIFICATION

Adressée par le ministre des affaires étrangéres de France aux ambassadeurs, à Paris, en leur qualité de représentants, de leurs souverains respectifs et aux ministres plénipotentiaires de leurs gouvernements :

» Monsieur,

» J'ai l'honneur de vous faire connaître que M. le maréchal de Mac-Mahon, duc de Magenta, ayant résigné ses pouvoirs, le Sénat et la Chambre des députés se sont réunis en Assemblée nationale, et que M. Jules Grévy a été élu et proclamé Président de la République. Je me félicite d'être chargé par le nouveau chef de l'Etat de vous exprimer au nom du gouvernement de la République française, sa ferme intention et son vif désir de maintenir avec les puissances étrangéres les bonnes relations qui permettent à la France de contribuer à l'affermissement de la paix. Aujourd'hui le ministre de la France a reçu l'ordre d'annoncer au gouvernement de votre auguste souverain l'élection du nouveau Président de la République française. »

MESSAGE

DU

PRÉSIDENT DE LA RÉPUBLIQUE

Lu à la Séance du 6 Février.

Messieurs les Sénateurs,

Messieurs les Députés,

L'Assemblée nationale, en m'élevant à la présidence de la République, m'a imposé de grands devoirs.

Je m'appliquerai sans relâche à les accomplir, heureux, si je puis, avec le concours sympathique du Sénat et de la Chambre des députés, ne pas rester au-dessous de ce que la France est en droit d'attendre de mes efforts et de mon dévoûment. (Très-bien ! au centre et à gauche.)

Soumis avec sincérité à la grande loi du régime parlementaire, je n'entrerai jamais en lutte contre la volonté nationale, exprimée par ses organes constitutionnels. (Applaudissements à gauche).

Dans les projets de loi qu'il présentera au vote des Chambres et dans les questions soulevées par l'initiative parlementaire, le gouvernement s'inspirera des besoins réels des vœux certains du pays, d'un esprit de progrés et d'apaisement ; il se préoccupera surtout du maintien de la tranquilité, de la sécurité, de la confiance, le plus ardent des vœux de la France le plus impérieux de ses besoins. (Trés-bien ! très-bien ! à gauche.)

Dans l'application des lois qui donne à la politique générale son caractére et sa signification il se pénétrera de la pensée qui les a dictées, il sera libéral, juste pour tous, protecteur de tous les intérêts légitimes, défenseur résolu de ceux de l'Etat. (Approbation.)

Dans sa sollicitude pour les grandes institutions qui sont les colonnes de l'édifice social, il fera une large part à notre armée, dont l'honneur et les intérêts seront l'objet constant de ses plus chéres préoccupations. (Trés-bien ! très-bien !)

Tout en tenant un juste compte des droits acquis et des services rendus, aujourd'hui que les deux grands pouvoirs sont animés du même esprit, qui est celui de la France, il veillera à ce que la République soit servie par des fonctionnaires qui ne soient ni ses ennemis, ni ses détracteurs. (Applaudissements à gauche.)

Il continuera à entretenir et à développer les bons rapports qui existent entre la France et les puissances étrangéres, et à contribuer ainsi à l'affermissement de la paix générale: (Vive approbation.)

C'est par cette politique libérale et vraiment conservatrice que les grands pouvoirs de la République, toujours unis, toujours animés du même esprit, marcheront toujours avec sagesse, feront porter ses fruits naturels au gouvernement que la France, instruite par ses malheurs, s'est donnée comme le seul qui puisse assurer son repos, et travailler utilement au développement de sa prospérité, de sa force et de sa grandeur.

Le Président de la République,
Jules Grévy.

Pour le Président de la République :

Le Président du Conseil,
Ministre des Affaires Étrangères,
Waddington.

Versailles, le 6 Février 1879.

M. JULES GRÉVY

M. Jules Grévy est né le 15 Août 1813, à Mont-sous-Vaudry, arrondissement de Dôle, dans le département du Jura ; il a donc aujourd'hui soixante-cinq ans et demi.

Elevé au Collége de Poligny (Jura), il vint à Paris en 1830 faire ses études en droit.

Les 27, 28 et 29 Juillet 1830, le jeune étudiant, alors âgé de dix-sept ans, fut un des premiers à prendre part à la lutte, avec Georges Farcy, Charras, l'immortel auteur du dictionnaire universel de la langue française, M. Littré, et tant d'autres généreux patriotes qui combattirent pour la liberté ; il se distingua parmi les combattants qui s'inspirèrent, après avoir couru les plus grands dangers, de la caserne de la rue de Babylone.

L'insurrection apaisée, il revint aussitôt à ses livres ; reçu bientôt avocat, il conquit rapidement un rang brillant parmi les plus ardents et les plus illustres défenseurs de la démocratie. Son langage précis, profond et persuasif, sa tenue imposante, grave et sévére, tout chez lui révélait une haute intelligence, un cœur noble : la nature semblait déjà le destiner à être le véritable fondateur de la République française.

Son éloquence fut toujours au service des républicains persécutés, et l'admirable plaidoirie qu'il prononça en faveur de Barbès, de Blanqui et autres membres de la société secrète des saisons, dans le procés du 13 mai 1839, le plaça au premier rang des orateurs politiques.

Lorsque souffla le vent qui devait renverser la monarchie de Juillet, M. Grévy avait trente-cinq ans. Les républicains n'avaient pas à cette époque cette cohésion, cette discipline qui les caractérisent de nos jours ; ils n'avaient pu acquérir dans les prisons ou dans l'exil cette modération, cette sagesse qui les ont enfin rendus maîtres de l'avenir ; en un mot, ils n'avaient pas la science gouvernementale qui fait aujourd'hui leur force. Le républicanisme de beaucoup consistait à admirer ceux qui les avaient précédés. La nation elle-même n'était pas suffisamment mûrie pour la liberté.

Après la chute du gouvernement de Louis-Philippe, de ce pouvoir né des barricades de Juillet et enseveli sous les barricades de février (24 février 1848), la tâche du gouvernement provisoire était immense. C'est alors que M. Grévy montra la fermeté de ses opinions, la noblesse de ses sentiments, la droiture de son caractére ;

inébranlable dans sa foi politique, ce qu'il est maintenant, il l'a toujours été ; pas une compromission, pas une défaillance dans cette existence pure et toute de labeurs.

Nommé Commissaire de la République dans le département du Jura, il y fut acclamé par ses compatriotes ; il apporta dans l'accomplissement de cette délicate mission une rare intelligence, une sage fermeté il sut faire aimer les institutions républicaines par toutes les classes de la population.

« *Je ne veux pas*, disait-il, *que la République fasse peur.* »

Il parvint à s'attacher tellement les esprits que le 23 avril 1848, soixante-cinq mille cent quarante électeurs l'envoyèrent siéger sur les bancs de l'Assemblée constituante.

Elu membre du comité faisant fonctions de Conseil d'Etat, et vice-président de l'Assemblée, il fut l'un des orateurs les plus habiles du parti républicain; il conserva toujours une entière indépendance entre les libéraux et les socialistes, non par système, mais par amour pour ses idées.

Il soutint deux luttes fameuses à l'une desquelles son nom est intimement lié; frappé du danger qu'il y a à faire procéder à un vote plébiscitaire pour l'élection du président de la République, et à concentrer tous les pouvoirs entre ses mains, il déposa en 1848, lors de la discussion

de la Constitution un amendement célébre par lequel il
proposait de modifier ainsi les articles 41, 43 et 45 :

ARTICLE 41. — *L'Assemblée nationale délègue le
pouvoir exécutif à un citoyen qui reçoit le titre de président du Conseil des ministres.*

ARTICLE 43. — *Le président du Conseil des ministres
est nommé par l'Assemblée nationale au scrutin se-
cret et à la majorité des suffrages.*

ARTICLE 45. — *Le président du Conseil est élu pour
un temps illimité.*

Il est toujours révocable.

Il nomme et révoque les ministres.

Cet amendement, en garantissant le pouvoir législatif
des empiétements du pouvoir exécutif, rendait impossi-
ble les coups d'Etat. Dans la séance du 7 octobre 1848,
M. Grévy le défendit avec sa vigueur et sa netteté habi-
tuelles, mais il se heurta contre les regrettables préven-
tions de la gauche modérée et les espérances secrètes de
la droite ; cent cinquante-huit députés seulement com-
prirent toute l'importance de l'amendement Grévy qui
fut repoussé par une majorité de quatre cent quatre-
vingt-cinq voix. Combien durent se repentir ceux qui
ne s'étaient pas laissé convaincre, le jour où l'Assemblée
nationale était envahie, la loi violée, les députés empri-
sonnés ou exilés, les citoyens mitraillés.

En 1849, M. Grévy protesta contre l'expédition de Rome
contre la dissolution de l'Assemblée constituante ; les

sages raisons qu'il fit valoir ne furent pas entendues, et l'Assemblée constituante fut remplacée par l'Assemblée législative.

Réélu par ses concitoyens, il protesta également en 1850, contre la loi du 31 mai qui supprimait trois millions d'électeurs, contre la révision de la Constitution, et, en 1851, contre le coup d'Etat du 2 décembre. Il était au nombre des représentants du peuple qui tentèrent de se réunir à la mairie du dixième arrondissement pour défendre la loi ; mais il fut arrêté et enfermé à Mazas, d'où il ne sortit que quelque temps après.

Il abandonna alors la scène politique pour revenir au barreau ; en 1868, il succéda à M. Berger comme bâtonnier de l'ordre des avocats.

A cette époque, la deuxième circonscription du département du Jura devait élire un député ; cédant enfin aux pressantes sollicitations de ses nombreux amis, M. Grévy accepta la candidature, et, malgré les efforts des agents du gouvernement, malgré les manœuvres des préfets, près de vingt-cinq mille suffrages sur trente-deux mille votants l'acclamèrent. Sa rentrée triomphale au Corps législatif fut saluée avec enthousiasme par le parti républicain, et il continua de se montrer l'ennemi du pouvoir personnel.

Le 3 Juin 1869, il fut réélu aux élections générales ; aucun candidat officiel n'avait osé affronter la lutte.

Les fonctionnaires avaient fait une campagne ardente,

audacieuse même en faveur des candidatures officielles, et cependant elles n'avaient pu réunir que quatre millions et demi de suffrages, quand les adversaires du gouvernement en obtenaient trois millions un quart.

L'empire autoritaire touchait à sa fin ; l'opinion publique était agitée, fiévreuse ; le luxe de la cour, les emprunts, les guerres lointaines et surtout la désastreuse expédition du Mexique avaient épuisé le trésor. Le sénatus-consulte du 8 septembre 1869 régla les conditions nouvelles du gouvernement impérial ; mais les concessions qu'il avait dû faire n'étaient pas sincères ; aussi s'efforçait-il de reconquérir l'autorité qui lui échappait en appelant à lui ce qu'il appelait les hommes modérés de tous les partis, c'est-à-dire ces caméléons politiques qui flottent entre toutes les opinions au gré de leurs intérêts. On vit alors s'organiser sous le nom de gauche fermée, par opposition à la gauche ouverte imaginée par M. Ernest Picard, cette réunion de la rue de la Sourdière dont M. Grévy était le président.

Le 3 Février 1870, M. Grévy élevait la voix pour revendiquer les prérogatives du corps législatif; le 3 Avril, dans un magnifique discours d'un dialectique admirable il désapprouvait le plébiscite, cet acte mensonger qui promettait ouvertement la paix et qui préparait clandestinement la guerre la plus folle qui ait jamais été entreprise.

Le 8 mai, l'empire obtenait sept millions huit cent

cinquante-six mille sept cent quatre-vingt-six **Oui**, contre un million cinq cent soixante-et-onze mille neuf cent trente-neuf **Non**. Enhardi par ce succès qui paraissait consolider son trône, l'empereur déclarait la guerre à la Prusse.

L'intendance était mal organisée ; le service des ambulances n'existait pas ; les commandements étaient mal répartis ; les places fortes ne se trouvaient pas en état de défense ; notre malheureuse armée n'avait ni vivres, ni munitions, ni matériel de guerre ; elle fut écrasée à Wissembourg, à Forbach, à Reischoffen par des forces de beaucoup supérieures.

La France envahie, pillée, rançonnée par un ennemi impitoyable perdait, par le funeste traité de paix de Francfort, l'Alsace, moins le territoire de Belfort, les arrondissements de Metz, Sarrebourg, Sarreguemines, Thionville et Château-Salins en Lorraine, un million six cent mille de ses enfants et plus de cinq milliards.

L'épouvantable désastre de Sedan avait enfin éclairé la nation qui, en un jour d'oubli, avait approuvé le crime du 2 Décembre ; le 4 septembre 1870, l'empire s'effondrait sous le mépris public. Lorsque la République fut proclamée à l'Hôtel-de-Ville de Paris ; M. Grévy, tout en se tenant à l'écart du gouvernement de la Défense nationale, avait exprimé l'avis de consulter immédiatement la nation.

Le 8 Février 1871, il fut élu député par le département du Jura et des Bouches-du-Rhône.

« *La République toujours*, disait-il dans sa profession de foi ; *la paix, sauf revanche, par tous les moyens acceptables.* »

Il opta pour le département qui l'avait vu naître. Dans la séance du 17 Février, à Bordeaux, il fut porté à la présidence de l'Assemblée nationale, et ce jour-là même après avoir présenté une proposition tendant à faire élire M. Thiers chef du pouvoir exécutif, il eût la satisfaction de voir enfin adopter son amendement de 1848.

Il sut comme toujours se concilier l'estime de ses adversaires eux-mêmes par le respect absolu de la légalité, par sa vigilante attention à toutes les discussions, par une fermeté réfléchie, par un jugement droit, par son esprit d'équité, par le soin scrupuleux qu'il apportait à assurer la liberté de la tribune. Après avoir été réélu neuf fois, il crut devoir quitter le fauteuil présidentiel en Avril 1873. Les monarchistes voulaient alors un président assez peu soucieux de ses devoirs pour se mêler à leurs intrigues. M. Le Royer avait prononcé dans une séance le mot « bagage » ; M. de Grammont l'ayant traité d'impertinence s'était attiré un rappel à l'ordre ; en présence des protestations que souleva cette juste mesure, M. Grévy, après avoir adressé à la Chambre ces paroles pleines de dignité :

« *Je n'ai, messieurs, ni demandé, ni recherché les fonctions dont vous m'avez investi,* »

donna sa démission. Réélu le lendemain, il maintint sa démission par une nouvelle lettre et se fit inscrire à la réunion de la gauche républicaine.

Le 19 novembre 1873, lors de l'organisation du septennat, M. Grévy tenait ce patriotique langage :

« *Je suis très-convaincu que vous ne faites pas une bonne chose, et que votre résolution n'aura pas les effets que beaucoup d'esprits en attendent ; je suis très-convaincu que vous ne sortez pas du provisoire, que vous n'en changez que le nom et l'apparence, et que vous le prolongerez au prix de beaucoup de souffrances, d'impatiences et de dangers.* »

Lors des élections des sénateurs inamovibles, il refusa de se laisser porter sur les listes.

La Chambre élue le 20 Février 1876, le choisit de nouveau comme président ; il en fut de même après les élections du 14 Octobre 1876, et c'est avec l'impartialité la plus rigoureuse et le plus grand dévoûment qu'il dirigea les débats jusqu'au jour où il fut acclamé président de la République.

Tel est l'homme intègre que les représentants de la nation viennent d'élever à la première magistrature de la République. Ce n'est pas un parvenu de l'intrigue, mais un caractère honnête, loyal ; c'est un républicain de vieille date, qu'une carrière longue et honorable a élevé aux honneurs, bien qu'il ne les ait jamais recherchés ; la fidélité à ses principes, la solidité de ses convictions, la rectitude de sa conduite, la droiture de toute sa vie, en font une des gloires les plus pures de la démocratie française.

Il s'est voué à la défense de la liberté et s'est constamment attaché à faire aimer la République ; il nous montrera bientôt qu'elle est l'ordre, la stabilité, qu'elle est le gouvernement par excellence.

Simple dans ses goûts, dans sa mise, dans son langage, d'un mérite aussi éclatant que modeste, M. Grévy est plein d'affabilité ; rompu aux orages de la politique, aux luttes du barreau, il manie facilement et élégamment la parole, et jette de temps à autre des idées élevées qui révèlent un esprit supérieur. Son attitude à la fois simple et majestueuse commande le respect, et son calme dans la tempête a plus d'une fois imposé à ses adversaires.

Saluons cet éminent homme d'Etat, ce Washington de la République française ; inclinons-nous devant ces soixante-cinq années de talent, de travaux incessants, de probité, d'unité dans la pensée, devant ce grand citoyen dont le nom signifie ordre, travail, paix.

La France peut regarder l'avenir avec confiance ; M. Grévy n'est ni un prince, ni un prétendant : c'est un enfant du peuple, c'est le respectueux serviteur de la nation.

Le pays tout entier l'a acclamé aux cris de

Vive Grévy !
Vive la République !
Vive la France !

Le Ministère du 4 Février 1879.

MM. WADDINGTON, président du conseil et affaires
étrangères ;

DE MARCÈRE, intérieur et cultes ;

LE ROYER, justice ;

LÉON SAY, finances ;

GÉNÉRAL GRESLEY, guerre ;

AMIRAL JAURÉGUIBERRY, marine et colonies ;

JULES FERRY, instruction publique et beaux-
arts ;

DE FREYCINET, travaux publics ;

LEPÈRE, agriculture et commerce ;

COCHERY, postes et télégraphes.

Sous-Secrétaires d'Etat.

MM.   affaires étrangéres ;

Develle, intérieur et cultes ;

Goblet, justice ;

finances ;

guerre ;

de Mahy, marine et colonies (spécialement chargé des colonies) ;

Turquet, instruction publique et beaux-arts (spécialement chargé des beaux-arts) ;

Sadi-Carnot, travaux publics ;

Girerd, agriculture et commerce.

Le Cateau.   Imprimerie Th. Samaden, rue dse Fours, n° 20.